For Ted, who can outwit any witch, outrun any ghost, and is the undisputed king of Halloween.

Para Ted, que puede superar en astucia a cualquier bruja, adelantar a cualquier fantasma, y es el indiscutible rey de Halloween.

Pumpkin

Calabaza

Candy (Sweets)

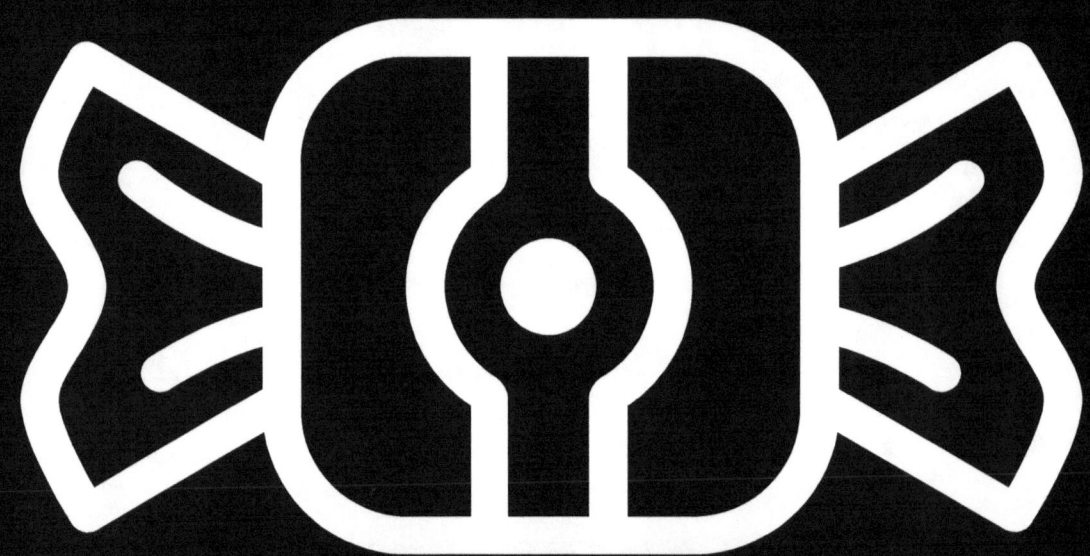

Dulces (Chuches)

Mask

Máscara

Costume

Disfraz

Graveyard

Cementerio

Haunted house

Casa encantada (Casa embrujada)

Werewolf

Hombre lobo

Vampire

Vampiro

Spider

Araña

Cobweb

Telaraña

Bat

Murciélago

Owl

Búho

Skull

Cráneo

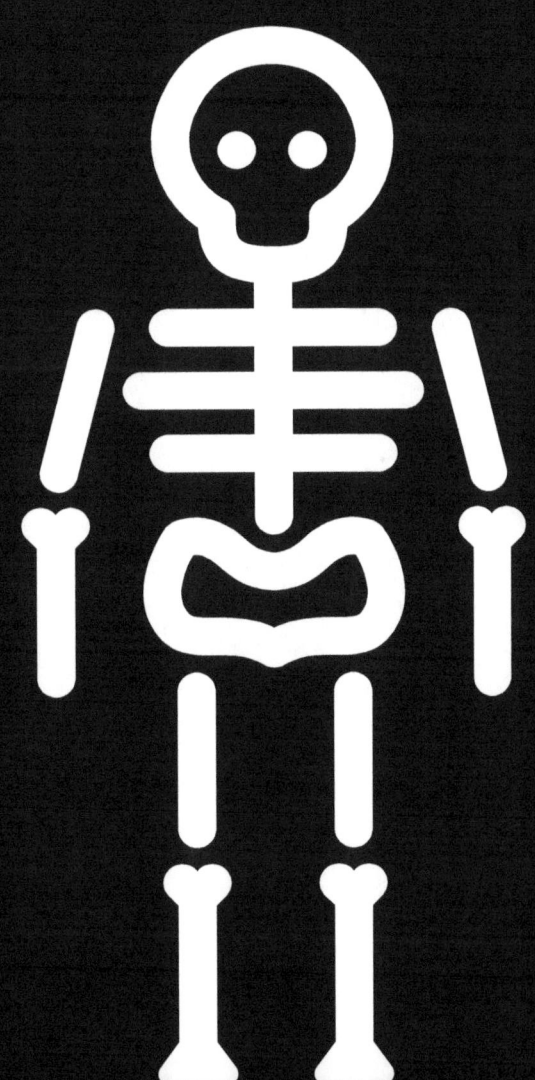

Skeleton

Esqueleto

Potions

Pociones

Pronunciation Guide

Pronunciation can differ due to regional accents. We've provided the commonly used pronunciation for each word in English and Spanish. The words are divided into syllables, written as they sound. A syllable in UPPER CASE should be emphasised when speaking.

Oct 31	**Halloween** ha-lo-WEN		**Máscara** MAS-ka-ra		**Duende** DWEN-de
	Calabaza ka-la-BA-za		**Disfraz** dis-FRA-th		**Araña** a-RA-nya
	Fantasma fan-TAS-ma		**Cementerio** the-men-TE-ryo		**Telaraña** te-la-RA-nya
	Bruja BRU-ha		**Casa encantada** KA-sa en-can-TA-da		**Murciélago** mur-THYE-la-go
	Escoba es-KO-ba		**Hombre lobo** OM-bre LO-bo		**Búho** BOO-ho
	Gato negro GA-to NE-gro		**Vampiro** vam-PEE-ro		**Cráneo** KRA-nyo
	Caldero kal-DE-ro		**Zombi** THOM-be		**Esqueleto** es-ke-LE-to
	Dulces DUL-thez		**Momia** MO-mya		**Luna** LU-na
	Truco o trato TRU-ko o TRA-to		**Frankenstein** frank-en-STEEN		**Pociones** po-THYON-es

Guía pronunciador

La pronunciación puede variar debido a los acentos regionales. Hemos proporcionado la pronunciación comúnmente utilizada para cada palabra en inglés y español. Las palabras están divididas en sílabas, escritas tal y como suenan.
Una sílaba en MAYÚSCULAS debe ser enfatizada al hablar.

	Halloween ha-lo-WIN		**Mask** mask		**Goblin** GOB-lin
	Pumpkin PUM-kin		**Costume** kos-TYUM		**Spider** SPAY-dah
	Ghost goust		**Graveyard** GRAV-yard		**Cobweb** KOB-web
	Witch uitch		**Haunted house** HON-tid haus		**Bat** bat
	Broomstick BROOM-stik		**Werewolf** WER-wolf		**Owl** aul
	Black cat blak kat		**Vampire** VAM-pair		**Skull** skul
	Cauldron KOL-dron		**Zombie** ZOM-bi		**Skeleton** SKE-le-ton
	Candy KAN-di		**Mummy** MUM-i		**Moon** mun
	Trick or treat trik or trit		**Frankenstein** FRAN-ken-stain		**Potions** po-SHONS

Collect them all...
Colecciónalos todos...

BooHQ.com/hesreview

Please review our book by scanning the QR code.

You can also access a bilingual activity booklet and other free printables.

Por favor, deja una reseña escaneando el código QR.

También puedes encontrar un folleto de actividades bilingüe y otros materiales gratuitos.

www.ingramcontent.com/pod-product-compliance
Lightning Source LLC
Chambersburg PA
CBHW042250100526
44587CB00002B/88